Cozinhando com Rum

Descubra os Segredos do Rum e Transforme Suas Receitas em Delícias Caribenhas

Carlos Fernandez

ÍNDICE

COQUETEL CHINÊS 12
CHOCOLATE 13
BOLO DE CHOCOLATE 14
CHOCOLATE COLADA 15
MORANGOS COM COBERTURA DE CHOCOLATE 16
NATAL AMARELO 17
CHUNKY MONKEY MARTINI 18
TORRADA DE CANELA 19
CITRUS PREMIUM 20
JORNADA DO MEXILHÃO 21
O FURACÃO CLÁSSICO 22
COC CUPIDO 23
COCKSPUR BAJAN SUNSET 24
COQUETEL TROPICAL 25
COCO VACA 26
LOUCURA COCO LOPEZ LIMÓN 27
LIMONADA COCO LOPEZ 28
COCO LOPEZ PURPLE PASSION 29
COCO NAUT 30
COCO POM 31
TINI DE BANANA DE CACAU 32
A PRAIA DO CACAU 33
COCOBANA 34
COCOMOÇÃO 35
COCO BANANA COLADA 36

BROWNIE DE COCO	37
COCOSKY MARTINI	38
CHOCOLATE DE COCO	39
COQUEIRAL	40
MEL DE COCO	41
REFRIGERADOR DE CREME DE CAFÉ	42
O COLONISTA	43
COQUETEL COLOMBO	44
COMPOSIÇÃO	45
CONTINENTAL	46
PUXADORES DE CORTIÇA	47
KORU BAKER	48
COQUITO	49
SOCOS DE VACA	50
CRAN-ROOM TWISTERS	51
BEIJO DE CRANBERRY	52
RICKEY DE MENTA DE CRANBERRY	53
BOMBA DE CREME	54
SODA DE CREME	55
PUNCH CREAMY GLAD EGGNO'S	56
CRIOULO	57
GRILO	58
OS COLARES	59
CRUZAN CHEESECAKE MARTINI	60
GIMLET CRUZAN	61
NÉVOA DA ILHA CRUZANA	62
CRUZAN MAI TAI	63

O CRUZAN SUZAN	64
PUNÇÃO DE CRISTAL	65
CUBA LIVRE	66
DARK 'N' DRING	67
ESCURO E TEMPESTADE	68
SEGREDOS ESCUROS	69
ELVIS MORTO	70
DEPAZ APRICOT COLLINS	71
DERBY DAIQUIRI	72
CAUDA DO DIABO	73
DON Q CELEBATION PUNCH	74
DON Q CHAMPAGNE PUNCH	75
DON Q HOLIDAY PUNCH	76
MACACO BÊBADO	77
DUB DEVIL	78
DYN-O-MITE DAIQUIRI	79
COQUETEL DE PÁSCOA	80
O ECLIPSE	81
EL CONQUISTADOR	82
ruiva essencial	83
EXTRA E GENGIBRE	83
SOLDADO QUEDA	85
A FAVORITA DA FANNY	86
AZEITO DE BOMBEIRO	87
FLAMINGO	88
FLERTANDO COM SANDPIPES	89
FLOOR FUSION	90

FLORIDITA	91
FLUKE	92
CANGURU VOADOR	93
ALEGRIA PROIBIDA	94
FOUR SEASONS STAR MARTINI	95
PIÑA COLADA QUADRUAL	96
COLADA FRANCESA	97
CONEXÃO FRANCESA	98
FRADE GELADO	99
BERKELEY CONGELADO	100
DIVISÃO TROPICAL CONGELADA	101
MARGARITA DE MORANGO TROPICAL CONGELADA	102
BRANCO-QUENTE CONGELADO	103
PIRATA DIVERTIDO	104
Fuzzy Charlie	105
Fuzzy Mango	106
GANGRENA	107
MARTINI DE CHOCOLATE ALEMÃO	108
INCLUI COLADA	109
GINGER SMASH	110
SNAP DE GENGIBRE	111
CURA DE OURO	112
GANSO DOURADO	113
pôr do sol dourado	114
PEDRA E CASCALHO	115
MORANGO TROPICOLADA	116
BASTARDO SOFRIMENTO	117

VERÃO EM BELIZE	118
HORÁRIO DE VERÃO	119
RESPONSABILIDADE	120
SOL	121
SURF NO X	121
O SURF ESTÁ ACIMA	122
DOCE RENDIÇÃO	123
TAGORE	124
TATUAGEM	125
A TENTAÇÃO	126
TENNESSEE TWISTERS	127
ILHA DE TRÊS MILHAS	128
RAIO	129
O TIKI	130
TIKI SOUR	131
ABELHA DE TOMMY	132
PUNCH DE QUARTO AINDA NÃO FAMOSO DE TONY	133
PRATELEIRA SUPERIOR IDIOMA Ø	134
DEZ MELHORES	135
TORTUGA BANANA BREEZE	136
TORTUGA COLADA	137
TORTUGA PUNCH PIRATA	138
TESOURO	139
VIAGEM À PRAIA	140
CONGELAMENTO TROPICAL	141
BOLO DE BANANA TROPICAL	142
CHORO DE BANANA TROPICAL	143

BRISA TROPICAL 144
ALEGRIA TROPICAL 145
COCEIRA TROPICAL 146
PARAÍSO TROPICAL 147
TINI TROPICAL 148
TESOURO TROPICAL 149
ONDA TROPICAL 150
COQUETEL TROPICO 2000 151
VERDADEIRA PAIXÃO 152
BRISA DA ILHA RETORCIDA 153
SOB OS LEITORES 154
VAMPIRO 155
BAUNILHA Cereja 156
BAUNILHA PAIXÃO 157
SPLASH DE BAUNILHA 158
SUNRISE DE BAUNILHA 159
VELUDO ROSA 160
LOCAL VICIOSO 161
CAFÉ ILHA VIRGEM 162
BONECO VOODOO 163
MAGIA VOODOO 164
VULCÃO VOODOO 165
VIAJANTE 166
V/XTASY 167
BANANA ROLEIRA 168
O cortador de ondas 169
BEM-VINDO 10 170

A PERNA DA BALEIA 171

O ESPÍRITO DA BALEIA 172

O FURACÃO SELVAGEM 173

INVERNO EM TRINIDAD 174

MÉDICO BRUXO 175

X-TREME COLADA 176

PÁSSARO AMARELO 177

ESTRELA DE CONFIANÇA DE ZIGGY 178

ZUMBI 151° 179

ZOMBIE HUT'S COME-ON-I-WANT-LEI-YA 180

BANANAS CRIADAS MAMA DO ZOMBIE HUT 181

SOPA DE ABACATE 182

BOLO DUPLO DE CHOCOLATE E RUM DE BACARDI 183

BACARDI PÊSSEGO CASAIS 185

MOUSSE DE MORANGO DE BACARDI 187

FETO BANANA 188

COSTELETAS DE PORCO PANADAS COM ERVAS 189

BURRITOS 190

ORAÇÕES COM AMANTEIGA 192

INHAMES CARAMELIZADOS 193

MOLHO DE QUEIJO CHEDAR 194

BOLO DE CEREJA 195

TRILHANDO FRANGO 196

SALPICÃO 197

PEDAÇOS DE FRANGO 198

ARROZ DE COCO E ERVILHAS BEBIDAS 199

SOPA DE CREME DE COGUMELOS 201

TORTA DE DAIQUIRI	202
FETTUCCINE À LA RUM	203
MOLHO DE CRANBERRY FRESCO	204
SALADA DE FRUTAS COM MOLHO DE PIÑA COLADA	206
GUACAMOL	208
Molho holandês	209
BOLO MALIBU ROMA	210
MANGA FLAMBÉ	212
FRANGO MARINADO	213
MINI BOLA	214
TORTA MOCHA	215
PERAS PICANTES DE MORGAN COM CREME DE BAUNILHA	216
SOPA DE CEBOLA	218
PASTA DE QUEIJO PARMESÃO	219

COQUETEL CHINÊS

1 ½ onças. rum jamaicano

1 Colher de Sopa. granadina

1 pitada de amargo

1 colher de chá. marasquino

1 colher de chá. triplo segundo

Agite com gelo e coe em um copo de coquetel.

CHOCOLATE

2 onças. Bacardi light rum

1 ½ onças. Coco Lopez verdadeiro creme de coco

1 ½ onças. leite

1 onça. creme escuro de cacau

chantilly para decorar

raspas de chocolate para decoração

Misture com 1 xícara de gelo. Decore com chantilly e raspas de chocolate.

BOLO DE CHOCOLATE

¾ onças. Rum de coco do baleeiro

¾ onças. creme branco de cacau

¼ oz. licor de avelã

pulverizar meio a meio

chantilly para decorar

    Agite e coe em um copo old fashioned com gelo. Decore com chantilly.

CHOCOLATE COLADA

2 onças. Roma

2 onças. Coco Lopez verdadeiro creme de coco

2 onças. metade e metade

1 onça. calda de chocolate

Misture com 1 xícara de gelo picado. Sirva em um copo alto.

MORANGOS COM COBERTURA DE CHOCOLATE

1 onça. Roma

½ onça. Kahlua

½ onça. triplo segundo

10 morangos

Misture com gelo picado. Sirva em um copo de coquetel.

NATAL AMARELO

1 ½ onças. Rum Screech da Terra Nova

3 onças. gemada

noz-moscada ralada para decorar

    Despeje em um copo com gelo, mexa e cubra com uma pitada de noz-moscada. Acenda o fogo, pendure as meias e espere pelo bom e velho St. Usuario.

CHUNKY MONKEY MARTINI

2 onças. creme de rum cruzan

1 onça. rum de banana cruzan

¼ oz. creme escuro de cacau

Despeje os dois primeiros ingredientes em um copo misturador com gelo e adicione o creme de cacau escuro. Mexa e coe em um copo de martini.

TORRADA DE CANELA

1 ¼ oz. Rum com especiarias Captain Morgan Original

6 onças. cidra quente de maçã

açúcar e canela para copos de aro

Borda do copo com açúcar e canela. Adicione cidra quente e rum. Misture com gelo picado até ficar homogêneo.

CITRUS PREMIUM

2 onças. 267 rum de manga

1 onça. 267 vodca laranja

Sirva com gelo com uma fatia de laranja ao lado. 80

JORNADA DO MEXILHÃO

1 onça. Bacardi claro ou rum escuro

¼ oz. conhaque com sabor de maçã

1 onça. suco de laranja

pitada de bitter de laranja

O FURACÃO CLÁSSICO

2 onças. Rum Sailor Jerry Spiced Navy

1 Colher de Sopa. calda de maracujá

2 colheres de chá. Limonada

    Agite com gelo e coe em um copo de coquetel.

COC CUPIDO

1 ½ onças. rum CocoRibe

½ onça. amaretto

2 onças. suco de limão

cerejas ao marrasquino para decorar

Agite com gelo; sirva em um copo alto com uma cereja ao marasquino.

COCKSPUR BAJAN SUNSET

1 onça. Galo Fino Rum

2 onças. Suco de oxicoco

2 onças. suco de laranja limão

fatia para decoração

Sirva com gelo e decore com uma rodela de limão.

COQUETEL TROPICAL

3 partes de Rum Branco da Martinica

½ parte de melado de cana

1 parte de xarope de grenadine

2 partes de suco de limão

Agite com gelo.

COCO VACA

1 onça. Rum com especiarias Captain Morgan Original

1 onça. creme de coco

2 onças. metade e metade

Misture com 1 xícara de gelo picado até ficar homogêneo e despeje em um copo.

LOUCURA COCO LOPEZ LIMÓN

½ onça. Rum Bacardi Limón

½ onça. Coco Lopez verdadeiro creme de coco

1 onça. suco de laranja

1 onça. Suco de oxicoco

Misture com gelo picado. Sirva em um copo alto.

LIMONADA COCO LOPEZ

1 onça. Rum Bacardi Limão

3 onças. Limonada Coco Lopez

Misture com gelo picado.

COCO LOPEZ PURPLE PASSION

1 ½ onças. Bacardi light rum

3 onças. Mistura de colada de paixão roxa Coco Lopez

Misture com gelo picado.

COCO NAUT

2 onças. Wray & Sobrinho Rum

2 onças. Coco Lopez verdadeiro creme de coco

¼ oz. suco de limão espremido na hora

Misture com gelo picado e sirva em um copo.

COCO POM

¼ oz. Rum de Coco Captain Morgan Parrot Bay

1 ½ onças. Vodca Smirnoff No. 21

2 onças. Suco de romã

1 colher de chá. flocos de coco

Agite os três primeiros ingredientes com gelo e coe em um copo de martini gelado. Cubra com flocos de coco.

TINI DE BANANA DE CACAU

1¼ partes de rum de banana Malibu Tropical

¾ parte de cacau branco Hiram Walker

¾ parte metade metade

rodela de banana para decorar

canela para enfeitar

Agite e coe em um copo de martini. Decore com uma rodela de banana e uma pitada de canela.

A PRAIA DO CACAU

1½ Prichard's Crystal Rum

4 onças. suco de laranja

2 onças. suco de abacaxi

1 onça. Mistura para pina colada

Misture com ¾ xícara de gelo até ficar homogêneo.

COCOBANA

1 parte de rum leve Bacardi

1 banana

1 parte de leite de coco

Misture com gelo picado.

                Susan McGowan, Restaurante Oddfellows.

COCOMOÇÃO

1 ½ onças. Rum escuro porto-riquenho

4 onças. Coco Lopez verdadeiro creme de coco

2 onças. Limonada

Misture com 1 ½ xícaras de gelo.

COCO BANANA COLADA

2 onças. rum de coco cruzan

¾ onças. rum de banana cruzan

2 onças. Coco Lopez verdadeiro creme de coco

3 onças. suco de abacaxi

Misture com gelo picado.

BROWNIE DE COCO

1 ¼ oz. Rum com especiarias Captain Morgan Original

¼ oz. chocolate quente

1 colher de chá. chantilly

Despeje os dois primeiros ingredientes em uma caneca e cubra com chantilly.

COCOSKY MARTINI

1 onça. Rum Tommy Bahama White Sand

½ onça. vodka de baunilha

½ onça. rum de coco

½ onça. Coco Lopez verdadeiro creme de coco

coco torrado para decorar

Agite com gelo. Decore com coco torrado.

CHOCOLATE DE COCO

1 ¼ oz. Rum de Coco Captain Morgan Parrot Bay

1 onça. leite

5 onças. suco de abacaxi

espetinhos de abacaxi para decorar

Misture por 10-15 segundos e despeje em um copo especial. Decore com um espeto de abacaxi.

COQUEIRAL

1 onça. Roma

2 onças. Coco Lopez verdadeiro creme de coco

1 onça. suco de laranja

Misture com gelo picado.

MEL DE COCO

1 onça. sala escura

2 onças. Coco Lopez verdadeiro creme de coco

1 onça. mel

Misture com gelo picado.

REFRIGERADOR DE CREME DE CAFÉ

1 ¼ oz. Bacardi claro ou rum escuro

café frio para encher

creme a gosto

Despeje o rum Bacardi claro ou escuro em um copo alto meio cheio de gelo. Recheie com café frio e creme a gosto.

O COLONISTA

2 onças. 10 cachaças

1 ½ onças. creme escuro de cacau

creme de leite fresco para o topo

Combine todos os ingredientes. Adicione gelo e agite vigorosamente. Coe para uma taça de martini resfriada. Cubra com uma camada de creme de leite fresco.

COQUETEL COLOMBO

1 ½ onças. Rum dourado porto-riquenho

suco de ½ limão

¾ onças. Destilado de damasco

Sirva sobre gelo picado.

COMPOSIÇÃO

2 onças. Rum branco La Mauny

½ onça. Maria Brizard Abacaxi

½ onça. licor de manga Marie Brizard

3 onças. suco de laranja

Agite e coe em um copo alto com gelo.

CONTINENTAL

1 onça. Bacardi light rum

¼ oz. Hiram Walker creme de menta verde

¾ onças. suco de limão rosa

¼ colher de chá. açúcar (opcional)

Mexer. Sirva com gelo.

PUXADORES DE CORTIÇA

¾ onças. Bacardi light rum

¼ oz. conhaque Asbach Ural

¼ oz. Vinho do Porto

½ onça. suco de limão ou lima de Rose

Mexer. Sirva com gelo.

KORU BAKER

2 onças. Rum Coruba Jamaica

½ onça. refrigerante de limão

½ onça. granadina

2 onças. mistura de daiquiri de morango

1 onça. suco de laranja

rodela de laranja para decorar

cerejas para decoração

Bata com gelo até ficar homogêneo. Despeje em um copo alto e decore com uma rodela de laranja e uma cereja.

COQUITO

1 ½ oz. Rum Reserva Pyrat XO

1 onça. Leite de côco

1 onça. suco de laranja

1 gema de ovo

Agite e sirva em uma taça pequena de vinho branco, direto. Decore com canela em pó e uma rodela de laranja.

SOCOS DE VACA

1 onça. Bacardi claro ou rum escuro

1 onça. Hiram Walker creme branco de cacau

leite para encher

Despeje o rum e o creme de cacau em um copo alto meio cheio de gelo. Encha com leite.

CRAN-ROOM TWISTERS

2 onças. Rum leve porto-riquenho

3 onças. Suco de oxicoco

refrigerante de limão para rechear

Fatia de lima para decorar

Despeje em um copo alto com gelo. Decore com uma rodela de lima.

BEIJO DE CRANBERRY

¾ onças. Rum com especiarias Captain Morgan Original

2 onças. mistura de collins

2 onças. Suco de oxicoco

rodela de limão para decorar

Misture em um copo alto com gelo. Decore com uma rodela de limão.

RICKEY DE MENTA DE CRANBERRY

2 ½ onças. 10 cachaças

2 colheres de sopa. cranberries (frescos ou congelados)

1 onça. suco de limão espremido na hora

Splash club soda

3 folhas de hortelã

cranberries para decorar

ramo de hortelã para decorar

Em um copo misturador, misture os cranberries e macere com xarope simples e 10 tubos por 10 minutos. Adicione as folhas de hortelã e mexa delicadamente. Adicione o suco de limão e o gelo e mexa. Coe para um copo baixo com gelo. Cubra com club soda. Decore com cranberries e um raminho de hortelã.

BOMBA DE CREME

1 ½ onças. Bacardi light rum

2 onças. creme

½ onça. crème de Noyeaux (ou licor com sabor de amêndoa)

Agite com gelo. Sirva em uma taça de Martini.

SODA DE CREME

1 ¼ oz. Rum com especiarias Captain Morgan Original

¼ oz. triplo segundo

1 onça. Limonada

2 onças. suco de abacaxi

rodela de limão para decorar

Despeje em um copo alto com gelo. Mexa bem. Decore com uma rodela de limão.

PUNCH CREAMY GLAD EGGNO'S

1 garrafa (750 ml) de rum dourado Don Q

12 gemas

½ libra açúcar de confeiteiro

1 qt. leite

1 qt. creme de leite

noz-moscada ralada para decorar

Bata as gemas até ficarem claras (ou use sua mistura de gemada favorita). Bata o açúcar até a mistura engrossar. Junte o leite e o rum dourado Don Q. Refrigere por 3 horas. Despeje em uma tigela de ponche e dobre em creme, batido firmemente. Deixe esfriar por 1 hora e polvilhe com noz-moscada. Serve 24.

CRIOULO

1¾ onças. Rum branco porto-riquenho

3-4 cubos de gelo

2 salpicos de sumo de limão

3 ½ onças. caldo de carne

pimenta a gosto

sal a gosto

tabasco a gosto

Molho Worcestershire a gosto

Sacudir. Sirva com gelo.

GRILO

¾ onças. Bacardi light rum

¼ oz. Hiram Walker creme branco de cacau

¼ oz. Hiram Walker creme de menta verde

1 onça. creme

Sacudir. Sirva com gelo.

OS COLARES

1 ½ onças. Rum de baunilha premium do almirante Nelson

1 ½ onças. licor de melão flecha

3 onças. Mistura para pina colada

3 onças. mistura azeda

Misture com gelo.

CRUZAN CHEESECAKE MARTINI

2 onças. rum de baunilha cruzan

1 onça. suco de abacaxi

1 onça. Suco de oxicoco

Agite com gelo e coe em um copo de martini.

GIMLET CRUZAN

2 onças. rum branco cruzano

1 Colher de Sopa. suco de limão adoçado

rodela de limão ou lima para decorar

Agite rapidamente com gelo e coe em um copo de coquetel. Decore com uma rodela de limão ou lima.

NÉVOA DA ILHA CRUZANA

2 onças. Rum Cruzan branco ou ouro

torção de raspas de limão

Despeje em um copo old fashioned pequeno cheio de gelo picado. Sirva com canudos curtos.

CRUZAN MAI TAI

1 ½ onças. rum branco cruzano

½ onça. rum ouro cruzan

½ onça. Limonada

½ onça. Blue Curacao

½ onça. Xarope orgeat

1 colher de chá. Açúcar refinado

palito de abacaxi para decoração

cerejas para decoração

Despeje em um copo antiquado sobre o gelo rachado. Mexa bem. Decore com um palito de abacaxi e uma cereja. Sirva com um canudo.

O CRUZAN SUZAN

½ onça. rum cruzan

1/3 onças. creme branco de cacau

suco de 1 laranja

Sacudir. Despeje em um copo sobre gelo raspado.

PUNÇÃO DE CRISTAL

1 ½ onças. Sala de cristal de Prichard

4 onças. suco de laranja

2 onças. suco de abacaxi

1 onça. Mistura para pina colada

Misture com ¾ xícara de gelo até ficar homogêneo.

CUBA LIVRE

1 ¾ onças. Bacardi rum

cola a gosto

¼ lima

Despeje o rum Bacardi em um copo e encha com cola a gosto. Adicione limão. Mexer.

DARK 'N' DRING

1 dose de rum Alnwick

cola para encher

Despeje o rum Alnwick em um copo alto com gelo e cubra com Coca-Cola.

ESCURO E TEMPESTADE

1 ½ onças. Rum Gosling's Black Seal

3 onças. cerveja de gengibre

rodela de limão para copo de aro

rodela de limão para decorar

Sirva em um copo alto com gelo. Esprema uma rodela de limão ao redor da borda do copo. Decore com uma rodela de limão.

A bebida nacional das Bermudas.

SEGREDOS ESCUROS

1 dose de rum Alnwick

1 garrafa de cerveja de gengibre Fentimans

espremer limão

Despeje em um copo alto com gelo na ordem listada acima. Esprema o limão fresco.

ELVIS MORTO

2 onças. RedRum

½ onça. 151 quartos (para fluir)

½ onça. Destilado de damasco

1 onça. suco de abacaxi

½ onça. Limonada

2 onças. suco de laranja

1 colher de chá. Açúcar refinado

cerejas para decoração

rodela de laranja para decorar

Misture todos os ingredientes, exceto 151 rum com 1 xícara de gelo. Coe em um copo de coquetel. Flutue 151 quartos. Decore com cereja e rodela de laranja. Sirva com um canudo.

DEPAZ APRICOT COLLINS

1 ½ onças. Depaz Blue Cane rum âmbar

4 colheres de chá. conservas de Damasco

½ onça. suco de limão fresco

¾ onças. Creme Peche

1 onça. suco de laranja fresco

meia rodela de laranja para decorar

Agite vigorosamente com gelo. Coe em um copo alto com gelo fresco. Decore com uma rodela de laranja.

DERBY DAIQUIRI

2 onças. Whaler's Great White rum

½ onça. hipnótico

1 onça. Limonada

½ colher de chá de xarope simples (receita a seguir)

Rodela de lima para decorar

ramo de hortelã para decorar

Agite vigorosamente com gelo e coe para uma taça de coquetel. Decore com uma rodela de limão e um raminho de hortelã.

Para fazer xarope simples: Leve 1 xícara de água para ferver. Adicione 2 xícaras de açúcar. Quando o açúcar estiver completamente dissolvido, retire do fogo e deixe esfriar. Armazene em uma garrafa de plástico.

CAUDA DO DIABO

1 ½ oz. sala iluminada

1 onça. vodka

2 colheres de chá. Destilado de damasco

2 colheres de chá. granadina

½ onça. Limonada

Agite com gelo e sirva com gelo.

DON Q CELEBATION PUNCH

1 garrafa (750 ml) de rum dourado Don Q

16 oz. suco de laranja

16 oz. suco de abacaxi sem açúcar

1 32 onças. garrafa de club soda

3 onças. Limonada

açúcar de confeiteiro a gosto

Despeje os cinco primeiros ingredientes em uma tigela de ponche com gelo. Mexa suavemente. Adicione açúcar a gosto. Serve 12 a 15.

DON Q CHAMPAGNE PUNCH

1 garrafa (750 ml) de rum dourado Don Q

3 abacaxis

1 1 lb. pacote açúcar em pó

2 xícaras de suco de limão

½ xícara de licor Arrow Curaçao

½ xícara de suco de cereja ao marrasquino

4 garrafas (cada 750 ml) de champanhe gelado

Descasque, retire o miolo e corte os abacaxis. Esmague ou pique as fatias em um recipiente grande. Dissolva o açúcar e o suco de limão e acrescente ao abacaxi. Adicione curaçao, suco de cereja e rum dourado Don Q. Refrigere 2 horas. Despeje em uma tigela de ponche com gelo, adicione o champanhe e mexa delicadamente. Serve 20.

DON Q HOLIDAY PUNCH

1 garrafa (750 ml) Don Q light rum

½ xícara de suco de limão

¼ xícara de açúcar de confeiteiro

1 xícara de suco de laranja

1 xícara de suco de amora

1 xícara de chá forte

12 cravos

8 rodelas de limão

10 cerejas ao marrasquino

Misture o suco de limão e o açúcar em uma tigela de ponche. Adicione o suco de laranja, o suco de cranberry e o chá. Despeje o Rum Light Don Q. Adicione cravo, fatias de limão, cerejas e cubos de gelo para esfriar. Serve 15.

MACACO BÊBADO

1 ½ onças. Rum Gosling's Black Seal

½ onça. licor de banana

4 onças. suco de abacaxi

barco abacaxi para decoração

Agite vigorosamente com gelo e coe em uma taça de martini. Decore com uma rodela de abacaxi.

DUB DEVIL

2 onças. Wray & Sobrinho Rum

2 colheres de chá. Xarope orgeat

2 dashes de Angostura bitters

3 onças. suco de maçã

3 prensas de cal

Construa os dois primeiros ingredientes sobre cubos. Cubra com suco de maçã. Adicione o Angostura bitters e o suco de limão.

DYN-O-MITE DAIQUIRI

2 onças. Roma

3 onças. licor de banana laranja

½ onça. triplo segundo

1 onça. Limonada

Agite com gelo e sirva com gelo.

COQUETEL DE PÁSCOA

1 onça. rum barbancourt branco

½ onça. triplo segundo

1 onça. Advogado

1 onça. suco de laranja

refrigerante para cima

Despeje os quatro primeiros ingredientes em um copo com gelo. Cubra com o refrigerante e mexa bem.

O ECLIPSE

1 ½ onças. Rum Mount Gay

1 onça. suco de abacaxi

1 onça. suco de laranja

Sacudir.

EL CONQUISTADOR

1 ¼ oz. Rum Don Q Crystal

5 onças. suco de abacaxi

¼ oz. triplo segundo

½ onça. licor de framboesa

rodela de laranja para decorar

cerejas para decoração

Decore com uma rodela de laranja e uma cereja.
                                      Do Hotel El Conquistador.

ruiva essencial

1 ½ onças. Rum Appleton Estate V/X Jamaica

3 onças. Clamato ou mistura de Bloody Mary

raiz-forte a gosto

tabasco a gosto

pimenta preta a gosto

sal marinho a gosto

Molho Worcestershire a gosto

suco de limão a gosto

aipo para decorar

azeitonas para decorar

Despeje em um copo alto com sal marinho e/ou pimenta. Tempere com raiz forte, tabasco, pimenta, sal, molho inglês ou suco de limão. Decore com um talo de aipo e azeitonas.

EXTRA E GENGIBRE

1 ½ onças. Rum Appleton Estate V/X Jamaica

6 onças. cerveja de gengibre

rodela de laranja ou limão para decorar

Sirva em um copo alto com gelo. Decore com uma rodela de laranja ou limão.

SOLDADO QUEDA

1 onça. Rum Gosling's Black Seal

½ onça. licor de framboesa Marie Brizard

pitada de granadina

4 onças. suco de laranja

Sirva em um copo alto.

A FAVORITA DA FANNY

½ onça. Rum de framboesa do almirante Nelson

½ onça. Rum de coco do almirante Nelson

½ onça. licor de melão flecha

½ onça. licor de framboesa Arrow

respingo suco de abacaxi

respingo de refrigerante branco

torção de laranja para decoração

cerejas para decoração

Misture os cinco primeiros ingredientes e despeje em um copo com gelo. Cubra com refrigerante branco e decore com um toque de laranja e uma cereja.

AZEITO DE BOMBEIRO

1 ½ onças. Bacardi light rum

1 ½ onças. suco de limão ou lima

½ colher de chá açúcar

¼ oz. granadina

club soda para cima

cerejas ao marrasquino para decorar

rodela de limão ou lima para decorar

Misture os quatro primeiros ingredientes e cubra com club soda. Decore com uma cereja ao marasquino e uma rodela de limão ou lima.

FLAMINGO

1 ½ onças. Rum Barbancourt

suco de ¼ de limão

várias gotas de grenadine

1 onça. suco de abacaxi

Bata com gelo e sirva com gelo.

FLERTANDO COM SANDPIPES

1 ½ onças. Rum leve porto-riquenho

½ onça. aguardente de cereja

3 onças. suco de laranja

2 gotas de bitter de laranja

Mexa bem.

FLOOR FUSION

1 onça. Flor de Cana rum extra seco 4 anos

1 onça. Flor de Cana 7 anos de rum dourado

½ onça. suco de limão fresco

½ onça. suco de laranja

½ onça. suco de abacaxi

½ onça. Suco de oxicoco

¼ oz. calda comum

toque amargo

2 cerejas Amarena doces para decorar

Agite com gelo e coe sobre gelo fresco em um copo alto. Decore com cerejas.

FLORIDITA

1 ½ onças. Bacardi light rum

1 onça. suco de laranja

½ onça. triplo segundo

Agite e sirva com gelo.

FLUKE

1 onça. Rum Temperado do Baleeiro

½ onça. cordial Hypnotiq

5 onças. Cola

cerejas para decoração

Despeje em um copo de coquetel com gelo. Decore com cerejas.

CANGURU VOADOR

1 onça. Rum Barbancourt

1 onça. vodka

¼ oz. Licor Galliano

½ onça. creme

¾ onças. Creme de coco

1 ½ Oz. suco de abacaxi

¾ onças. suco de laranja

Sacudir.

ALEGRIA PROIBIDA

1 ½ onças. Rum Mount Gay Eclipse

½ banana fresca

1 ½ onças. Ponche Cuba

2 ½ onças. creme de coco

2 onças. suco de abacaxi

ramo de hortelã para decorar

Misture com gelo e decore com um raminho de hortelã.

FOUR SEASONS STAR MARTINI

2 onças. Rum Africano Starr

2 onças. cerveja de gengibre

regue com o purê de maracujá

pequena pitada de Cointreau

framboesas frescas para decorar

Agite bem com gelo e coe para uma taça de martini. Decore com framboesas frescas.

PIÑA COLADA QUADRUAL

1 onça. Rum Temperado Quadrangular

5 onças. suco de abacaxi (e mais a gosto)

1 ½ onças. Creme de coco

cerejas para decoração

Misture bem em alta velocidade com 1 xícara de gelo picado. Despeje em um copo Collins e decore com suco de cereja e abacaxi a gosto.

COLADA FRANCESA

1 ½ onças. Rum branco porto-riquenho

¾ onças. creme doce

¾ onças. Coco Lopez verdadeiro creme de coco

1 ½ onças. suco de abacaxi

caixa de respingo

¾ onças. conhaque

Misture com 1 colher de gelo picado.

CONEXÃO FRANCESA

1 onça. Rum Screech da Terra Nova

1 onça. Dubonnet

rodela de limão para decorar

Despeje sobre o gelo e mexa. Decore com uma rodela de limão. Parlez-vous français?

FRADE GELADO

¾ onças. rum branco

1 ½ onças. licor Frangelico

1 bola de sorvete de morango

Misture com gelo.

BERKELEY CONGELADO

2 onças. sala iluminada

½ onça. conhaque

1 Colher de Sopa. calda de maracujá

1 Colher de Sopa. Limonada

Agite e sirva com gelo.

DIVISÃO TROPICAL CONGELADA

1¼ partes de rum de banana Malibu Tropical

¾ parte de cacau branco Hiram Walker

1 parte de purê de morango

2 partes de mistura de piña colada

morangos para decorar

rodela de banana para decorar

Bata com gelo até ficar homogêneo. Decore com morango e rodela de banana.

MARGARITA DE MORANGO TROPICAL CONGELADA

1 parte de rum de banana Malibu Tropical

¾ parte Tezon Blanco tequila

1½ partes de purê de morango

1½ partes de mistura azeda fresca

morangos para decorar

rodela de banana para decorar

Bata com gelo até ficar homogêneo. Decore com morango e rodela de banana.

BRANCO-QUENTE CONGELADO

1 ½ onças. Rum Appleton Estate V/X

2 onças. suco de abacaxi

1 Colher de Sopa. Limonada

Misture com 1 colher de gelo picado.

PIRATA DIVERTIDO

1 ½ onças. Rum Reserva Pyrat XO

4 onças. Destilado de damasco

Herbsaint desenhou

2 onças. doce e azedo fresco

respingo de granadina

torção de laranja para decoração

ramo de hortelã para decorar

Agite e coe sobre o gelo. Decore com twist de laranja e raminho de hortelã fresca.

Fuzzy Charlie

¾ onças. Rum com especiarias Captain Morgan Original

¾ onças. licor de pêssego

2 onças. Mistura para pina colada

4 onças. suco de laranja

1 fatia de abacaxi

ramo de hortelã para decorar

Despeje em um copo com gelo e mexa. Decore com um raminho de hortelã.

Fuzzy Mango

2 onças. rum de manga Brinley

3 onças. refrigerante de limão

casca de laranja para decorar

Sirva em um copo alto e decore com casca de laranja.

GANGRENA

1 ½ onças. RedRum

3 onças. suco de abacaxi

½ onça. licor de melão

cerejas para decoração

Misture os dois primeiros ingredientes com gelo em um copo alto. Licor de melão Float. Decore com cerejas.

MARTINI DE CHOCOLATE ALEMÃO

½ onça. Rum de Coco Captain Morgan Parrot Bay

½ onça. licor original godiva

½ onça. Vodka cereja preta Smirnoff

¼ oz. gotas de chocolate alemãs

Agite os três primeiros ingredientes com gelo e coe em um copo de martini. Decore com raspas de chocolate alemão.

INCLUI COLADA

½ onça. Roma

1 ½ onças. Coco Lopez verdadeiro creme de coco

1 onça. Licor de gengibre Canton Delicate

Misture com 1 xícara de gelo.

GINGER SMASH

1 ½ onças. 10 cachaças

¾ onças. Luxardo licor de cereja maraschino

¾ onças. Licor de Maçã Berentzen

½ onça. suco de limão espremido na hora

2 pedaços de abacaxi fresco do tamanho de uma caixa de fósforos

2 fatias longas e finas de raiz de gengibre fresco

1 colher de chá. açúcar puro

folha de abacaxi para decorar

Misture o abacaxi, o gengibre e o açúcar até formar uma pasta uniforme no fundo de um copo misturador. Adicione o restante dos ingredientes e encha o copo de mistura até a metade com gelo. Agite brevemente e despeje sem esforço em uma pedra ou copo antiquado. Decore com uma folha de abacaxi.

O coquetel de verão mais vendido de 2007 no Employees Only, NYC.

SNAP DE GENGIBRE

¾ onças. Rum com especiarias Captain Morgan Original

½ onça. aguardente de gengibre

4 onças. gemada

snaps de gengibre para decorar (opcional)

Misture até a consistência desejada e despeje em um copo. Decore com um snap de gengibre para molhar, se desejar.

CURA DE OURO

2 onças. Wray & Sobrinho Rum

1 onça. mel

½ onça. água quente

suco de 1 limão

torção de limão para decorar

Misture o mel em água morna até dissolver completamente. Adicione o rum Wray & Nephew e o suco de limão. Adicione cubos de gelo e agite. Coe em um copo de coquetel gelado. Decore com um toque de limão.

GANSO DOURADO

5 onças. champanhe bruto

1 onça. suco de abacaxi sem açúcar

½ onça. Rum das Bermudas Gosling's Gold

palito de abacaxi para decoração

Misture os dois primeiros ingredientes em uma taça de champanhe. Flutue suavemente o rum Gosling's Gold Bermuda por cima para misturar lentamente. Decore com um pedaço fino de abacaxi.

pôr do sol dourado

1 ½ onças. Rum Tommy Bahama Golden Sun

1 onça. licor de laranja premium

twist de laranja queimada para decorar

Despeje em uma taça com gelo e misture bem. Decore com twist de laranja queimada.

PEDRA E CASCALHO

2 onças. Wray & Sobrinho Rum

2 ½ onças. vinho de gengibre de pedra

Despeje em um copo Collins com gelo picado e mexa.

MORANGO TROPICOLADA

1 ¼ oz. Rum Captain Morgan Parrot Bay

½ xícara de morangos frescos descascados

4 onças. suco de abacaxi

2 onças. leite

Despeje em um copo com ½ xícara de gelo.

BASTARDO SOFRIMENTO

¼ oz. Rum Sailor Jerry Spiced Navy

¼ oz. vodka

¼ oz. Gin

¼ oz. Blue Curacao

conhaque de cereja

3 onças. mistura azeda

3 onças. suco de laranja

rodas de laranja para decoração

Despeje em um copo alto com gelo e mexa. Decore com rodelas de laranja.

VERÃO EM BELIZE

1 ½ onças. Um barril de rum

¾ onças. néctar de goiaba

½ onça. suco de laranja

torção de laranja para decoração

    Agite com gelo e coe em um copo baixo com gelo fresco. Decore com twist de laranja.

HORÁRIO DE VERÃO

1 onça. Rum Gosling's Black Seal

1 onça. Grand Marnier ou Cointreau

2 colheres de sopa. suco de limão fresco

rodela de limão para decorar

rodela de limão para decorar

Agite vigorosamente com gelo e coe para uma taça de Martini. Decore com uma rodela de limão e um twist de casca de limão.

RESPONSABILIDADE

¾ onças. Rum Temperado Capitão Morgan

¾ onças. Coco Lopez verdadeiro creme de coco

1 ¼ oz. licor Frangelico

5 onças. suco de laranja

Sacudir.

SOL

1 onça. Kokocaribe rum de coco

1 onça. creme irlandês de Bailey

Camada em um copo de shot.

SURF NO X

Partes iguais:

rum de coco

suco de abacaxi

Licor de folhas de coco Agwa

Sirva com gelo ou agite como shot.

O SURF ESTÁ ACIMA

1 onça. Rum das Bermudas Gosling's Gold

½ onça. Conforto sulista

½ onça. licor de banana

1 onça. aguardente de pêssego

1 onça. suco de laranja fresco

pitada de granadina

1/8 onças. coco torrado para decorar

Misture os 6 primeiros ingredientes com uma xícara de gelo até ficar homogêneo. Despeje em copos grandes gelados. Polvilhe com coco torrado. Pode ser necessária uma colher. Se você estiver se sentindo dramático, sirva em cascas de coco cortadas ao meio com quase 1/8 de polegada de polpa de coco removida.

DOCE RENDIÇÃO

2 ½ onças. Caramelo de Bailey

¼ oz. Rum Capitão Morgan

1 Colher de Sopa. macadâmia moída

1 Colher de Sopa. raspas de chocolate branco Godiva

TAGORE

1 ½ onças. Hiram Walker Mandarin Schnapps

1 ½ onças. Malibu Tropical rum de banana

    Agite com gelo e despeje em um copo de martini gelado. Sirva direto ou com gelo.

TATUAGEM

1 ½ onças. Sala de tatuagem do Capitão Morgan

Sirva gelado em um copo de shot.

A TENTAÇÃO

2 onças. Rum das Bermudas Gosling's Gold

¾ onças. licor de laranja ou triple sec

2 onças. Suco de oxicoco

    Agite vigorosamente com gelo e coe para uma taça de Martini.

TENNESSEE TWISTERS

1 ½ onças. Prichards' Fine Tennessee rum

½ onça. triplo segundo

esguichar mistura agridoce

respingo 7UP ou Sprite

espremer limão

Sirva em um copo médio alto e decore com um pouco de limão. Esta bebida saborosa é apresentada no Cotton Eyed Joe's em Knoxville, TN.

ILHA DE TRÊS MILHAS

2 onças. RedRum

4 onças. Suco de oxicoco

½ onça. Suco de toranja

Rodela de lima para decorar

Misture os três primeiros ingredientes em um copo alto com gelo e decore com uma rodela de limão.

RAIO

1 onça. Stroh Original 80 rum

1 onça. licor aftershock

algumas gotas de Tabasco

Sirva como shot.

O TIKI

1 ½ onças. Rum Sailor Jerry Spiced Navy

2 onças. Suco de oxicoco

2 onças. suco de abacaxi

respingo de mistura azeda

1 onça. laranja curaçao

rodela de abacaxi para decorar

rodela de laranja para decorar

cerejas para decoração

Agite os quatro primeiros ingredientes com gelo e despeje em um copo Collins. Passe o curaçao de laranja por cima. Decore com rodela de abacaxi, rodela de laranja e cereja.

TIKI SOUR

1 ½ onças. Sete quartos Tiki

2/3 onças. suco de limão

½ onça. gomas ou xarope de açúcar

açúcar com canela para copos de aro

Coe uma taça de martini resfriada com açúcar e canela. Agite vigorosamente com gelo e coe para um copo com açúcar e canela.

ABELHA DE TOMMY

1¾ onças. Rum Tommy Bahama White Sand

½ onça. licor de mel Barenjager

1/3 onças. suco de laranja

1/3 onças. suco de limão espremido na hora

Rodela de lima para decorar

Agite vigorosamente com gelo e coe para um copo. Decore com uma rodela de lima.

PUNCH DE QUARTO AINDA NÃO FAMOSO DE TONY

1 onça. Rum Reserva Pyrat XO

1 onça. Xarope Velvet Falernum

suco de 1 limão pequeno

3 onças. suco de laranja espremido na hora

2 dashes de Angostura bitters

pitada de noz-moscada ralada na hora

espetinhos de abacaxi para decorar

ramo de hortelã para decorar

Agite com gelo até ficar bem misturado. Coe em 16 onças. taça sobre gelo. Decore com casca de limão usada, espeto de abacaxi e raminho de hortelã.

PRATELEIRA SUPERIOR
IDIOMA Ø

¼ oz. Rum com especiarias Captain Morgan Original

¼ oz. vodca Ciroc

¼ oz. Tequila Don Julio Blanco

¼ oz. Tanqueray London Dry Gin

¼ oz. Grand Marnier

esguichar mistura agridoce

1 onça. Cola

Agite com gelo e despeje em um copo alto.

DEZ MELHORES

1 ¼ oz. Rum com especiarias Captain Morgan Original

2 onças. Cola

1 onça. creme de coco

2 onças. creme de leite

Sirva sobre uma bola de gelo picado.

TORTUGA BANANA BREEZE

2 onças. Tortuga banana rum

1 onça. Limonada

½ onça. licor de banana ou triple sec

1 banana descascada e fatiada

Misture com ½ xícara de gelo picado.

TORTUGA COLADA

2 onças. rum de coco Tortuga

4 onças. suco de abacaxi

1 onça. creme de coco

Agite ou misture com gelo picado.

TORTUGA PUNCH PIRATA

2 onças. Rum com especiarias Tortuga

2 onças. néctar de manga

2 onças. suco de abacaxi

½ onça. suco de laranja

½ onça. Limonada

respingo de granadina

Agite com gelo. Sirva em um copo alto.

TESOURO

1 ¼ oz. Rum com especiarias Captain Morgan Original

¼ oz. Goldschlager

Sirva como shot.

VIAGEM À PRAIA

½ onça. Rum de Malibu

½ onça. licor de pêssego

½ onça. vodca smirnoff

3 onças. suco de laranja

Sirva com gelo.

CONGELAMENTO TROPICAL

1 ¼ oz. Rum com especiarias Captain Morgan Original

2 onças. suco de laranja

2 onças. suco de abacaxi

1 ½ onças. creme de coco

½ onça. granadina

rodela de abacaxi para decorar

Misture com 12 onças. gelo picado até ficar homogêneo. Sirva em um copo especial. Decore com uma rodela de abacaxi.

BOLO DE BANANA TROPICAL

1 parte de rum de banana Malibu Tropical

½ parte de licor de melão

Agite com gelo e sirva em um copo de shot.

CHORO DE BANANA TROPICAL

1 onça. Malibu Tropical rum de banana

1 onça. Confie na vodca Citro

¼ oz. suco de limão

1/8 onças. calda comum

BRISA TROPICAL

1 ¼ oz. Rum com especiarias Captain Morgan Original

4 onças. Suco de oxicoco

ramo de hortelã para decorar

Sirva com gelo. Decore com hortelã.

ALEGRIA TROPICAL

½ onça. Rum com especiarias Captain Morgan Original

¼ oz. creme de cacau

½ onça. creme de banana

3 onças. metade e metade

pitada de noz moscada para decorar

Agite bem e despeje em um copo de coquetel com gelo. Decore com noz-moscada.

COCEIRA TROPICAL

1 onça. RedRum

1 onça. vodka

½ onça. Grand Marnier

3 onças. suco de maracujá

Agite com gelo e despeje em um copo alto.

PARAÍSO TROPICAL

1 ¼ oz. Rum com especiarias Captain Morgan Original

2 onças. suco de laranja

½ banana

2 onças. creme de coco

¼ oz. granadina

rodela de abacaxi para decorar

Misture com 1 xícara de gelo picado até ficar homogêneo. Sirva em um copo especial. Decore com uma rodela de abacaxi e uma folha de palmeira.

TINI TROPICAL

2 onças. Rum de Abacaxi Whaler's Paradise

1 onça. Vodca de baunilha Burnett's

respingo suco de laranja

Mexa com gelo e sirva em uma taça de Martini.

TESOURO TROPICAL

2 ½ onças. Rum de maracujá Captain Morgan Parrot Bay

¼ oz. licor de pêssego

2 onças. suco de laranja

respingo de granadina

2 onças. creme

Despeje em um copo alto com gelo. Mexer.

ONDA TROPICAL

1 ¼ oz. Rum com especiarias Captain Morgan Original

4 onças. suco de laranja

1 onça. Suco de oxicoco

rodela de abacaxi para decorar

Agite com gelo e despeje em um copo alto. Decore com uma rodela de abacaxi.

COQUETEL TROPICO 2000

2 onças. Bacardi 151 rum

2 onças. Bacardi Tropico

gota de vermute doce Martini & Rossi

Agite com gelo. Sirva com gelo fresco em um copo alto.

VERDADEIRA PAIXÃO

1 ½ onças. Rum Tommy Bahama Golden Sun

½ onça. licor de framboesa

1 onça. suco de laranja

2 onças. suco de maracujá

1 onça. doce e azedo

champanhe para o topo

Despeje os cinco primeiros ingredientes em um copo alto com gelo. Cubra com champanhe e decore com uma orquídea fresca.

BRISA DA ILHA RETORCIDA

2 ½ onças. Rum de abacaxi Captain Morgan Parrot Bay

2 onças. Suco de toranja

respingo de suco de cranberry

2 onças. suco de abacaxi

rodela de abacaxi para decorar

Despeje em um copo alto com gelo e mexa. Decore com uma rodela de abacaxi.

SOB OS LEITORES

1 onça. Rum Gosling's Black Seal

½ onça. bourbon

½ onça. Galliano

4-5 onças. chocolate quente

2 onças. creme de leite

chocolate ralado para polvilhar

Despeje os três primeiros ingredientes em uma caneca de café irlandês resistente ao calor e mexa. Adicione o cacau quente. Espalhe o creme de leite por cima e polvilhe com chocolate ralado.

VAMPIRO

2 onças. rum de baunilha cruzan

2 onças. refrigerante de limão

respingo de granadina

Despeje o rum de baunilha Cruzan em um copo alto com gelo. Preencha com refrigerante de limão e cubra com grenadine.

BAUNILHA Cereja

1 onça. Rum de baunilha Whaler

suco de 1 limão

½ onça. triplo segundo

½ onça. conhaque com sabor de cereja

rodela de laranja para decorar

Agite com gelo e despeje em um copo de coquetel gelado. Decore com casca de laranja.

BAUNILHA PAIXÃO

1 onça. Rum de baunilha Whaler

1 onça. suco de maracujá

3 onças. suco de laranja

1 onça. Licor de melão Midori

Sirva com gelo.

SPLASH DE BAUNILHA

1 ½ onças. Rum de baunilha Whaler

5 onças. suco de abacaxi

espremer limão

cerejas para decoração

Misture e despeje em um copo de margarita ou copo de coquetel com gelo. Decore com cerejas.

SUNRISE DE BAUNILHA

1 onça. Rum de baunilha Whaler

4 onças. suco de laranja

1 onça. granadina

Misture e despeje em um copo Collins com gelo.

VELUDO ROSA

12/3 onças. Rum Tommy Bahama White Sand

1/3 onças. licor de pêssego

1 onça. Suco de oxicoco

champanhe para o topo

Agite os três primeiros ingredientes rapidamente com gelo. Coe para uma taça resfriada e finalize com champanhe. Mexa rapidamente e decore com uma pequena flor.

LOCAL VICIOSO

1 ½ onças. Rum leve porto-riquenho

½ onça. Conforto sulista

½ onça. Cointreau ou triple sec

1 onça. suco de limão

toque amargo

Agite com gelo. Sirva com gelo.

CAFÉ ILHA VIRGEM

1 onça. Rum Temperado VooDoo

1 onça. Kahlua

½ onça. creme

5 onças. café quente

chantilly para o topo

Despeje os três primeiros ingredientes em uma caneca. Recheie com o café e cubra com chantilly.

BONECO VOODOO

2 onças. Rum Temperado VooDoo

4 onças. bebida energética Rockstar

limão para enfeitar

Misture em um copo alto com gelo. Decore com limão.

MAGIA VOODOO

2 onças. Rum Temperado VooDoo

Partes iguais:

   7 UP

   mistura agridoce

respingo de suco de cranberry

espremer limão

Agite os três primeiros ingredientes com gelo. Adicione o suco de cranberry e um grande aperto de limão. Sirva como shot.

VULCÃO VOODOO

1 onça. Rum Temperado VooDoo

1 onça. Kahlua

½ onça. creme

Agite com gelo. Coe em um copo de shot e atire!

VIAJANTE

1 ½ onças. Rum com especiarias Captain Morgan Original

¼ oz. creme de banana

6 onças. cidra quente de maçã

Despeje a cidra em uma caneca. Misture o rum com especiarias Captain Morgan Original e o creme de banana.

V/XTASY

2 onças. Rum Appleton Estate V/X Jamaica

1 ½ onças. triplo segundo

½ onça. suco de laranja

1 onça. suco de abacaxi

¼ oz. granadina

rodela de cereja ou laranja para decorar

Encha a coqueteleira até a metade com gelo. Adicione o rum Appleton Estate V/X Jamaica, grenadine, suco de laranja e suco de abacaxi. Finalmente, o triple sec é adicionado e agitado vigorosamente. Despeje em um copo alto. Cubra com cereja ou fatia de laranja.

BANANA ROLEIRA

1 parte de rum de banana Malibu Tropical

1 parte de blue curaçao

suco de abacaxi para rechear

Sirva com gelo.

O cortador de ondas

1 ½ onças. Rum Mount Gay

1 onça. Suco de oxicoco

1 onça. suco de laranja

Sacudir.

BEM-VINDO 10

2 onças. 10 cachaças

4 pedaços de abacaxi fresco

gengibre fresco a gosto

polvilhe com suco de limão espremido na hora

regue o xarope simples

1 colher de chá. Açucar crú

1 onça. suco de abacaxi

Em um copo alto, misture o abacaxi, o gengibre, o açúcar mascavo, o suco de limão e o xarope simples. Adicione cubos de gelo, 10 cachaças e suco de abacaxi. Mexa e decore com uma folha de abacaxi.

A PERNA DA BALEIA

1 onça. Tanduay 5 Anos Rhum (ou Tanduay Dark Rhum)

¼ oz. granadina

½ onça. suco de limão

2 onças. refrigerante

suco de ½ limão ou calamansi

rodela de abacaxi para decorar

½ calamansi para decorar

cerejas vermelhas para decorar

Mexa com gelo picado e sirva em 8 onças. copo alto. Decore com uma rodela de abacaxi, uma casca ou metade de calamansi e uma cereja vermelha.

O ESPÍRITO DA BALEIA

1 onça. Rum Temperado do Baleeiro

1 onça. Suco de oxicoco

4 onças. suco de laranja

Rodela de lima para decorar

Misture com gelo e despeje em um copo com gelo. Decore com rodela de limão.

O FURACÃO SELVAGEM

1 onça. Wray & Sobrinho Rum

1 onça. Rum Appleton V/X

1 onça. rum branco Appleton

¼ oz. laranja curaçao

¼ oz. Destilado de damasco

¼ oz. suco de limão fresco

3 onças. suco de laranja fresco

3 onças. suco de abacaxi

3 onças. xarope de granadina

1/8 onças. banana descascada

rodela de banana para decorar

Agite vigorosamente com gelo e coe para um copo com gelo fresco. Decore com uma rodela de banana.

INVERNO EM TRINIDAD

1 ½ onças. 10 cachaças

½ onça. Navan

2 onças. metade e metade

1 Colher de Sopa. açúcar em pó

canela para enfeitar

Combine 10 açúcar de cana, navan, meio a meio e açúcar em pó em um copo misturador. Adicione gelo e agite vigorosamente. Coe para uma taça de martini resfriada. Decore com canela em pó.

MÉDICO BRUXO

1 ½ onças. Rum Temperado VooDoo

5 onças. DR Pimenta

lima fresca para decorar

Despeje VooDoo Spiced Rum em um copo com gelo, cubra com Dr. Pimenta e mexa. Decore com um limão fresco.

X-TREME COLADA

2 onças. Rum Appleton Estate V/X Jamaica

2 onças. suco de abacaxi

¾ onças. creme doce

¾ onças. creme de coco

barco abacaxi para decoração

Misture com 1 colher de gelo picado. Sirva em um copo colada ou rocks. Decore com uma rodela de abacaxi.

PÁSSARO AMARELO

1¾ onças. Bacardi rum

¼ oz. Licor Galliano

¼ oz. Hiram Walker creme de banana

2 onças. suco de abacaxi

2 onças. suco de laranja

Agite com gelo e sirva em um copo alto.

ESTRELA DE CONFIANÇA DE ZIGGY

2 onças. Rum Africano Starr

1 onça. suco de abacaxi

1 onça. suco de laranja

respingo doce e azedo

respingo de granadina

suco de limão para copos de aro

açúcar para copos de aro

Cubra a borda de uma taça de martini com suco de limão. Coloque o açúcar em um prato e mergulhe a borda do copo no açúcar. Agite os quatro primeiros ingredientes com gelo e coe em um copo de martini com borda de açúcar. Despeje lentamente um pouco de grenadine no copo para que ele afunde, criando uma camada multicolorida.

ZUMBI 151º

1 onça. Rum das Bermudas Gosling's Gold

1 onça. Rum Gosling's Black Seal

1 onça. Destilado de damasco

½ onça. triple sec (ou Cointreau)

½ onça. granadina

2 onças. suco de laranja

2 onças. mistura azeda

1/8 onças. suco de limão rosa

½ onça. Selo Negro de Gosling 151°

rodela de limão para decorar

Fatia de lima para decorar

Agite os oito primeiros ingredientes em um copo grande de mistura 3/4 cheio com gelo picado. Coe em um grande copo Collins ou highball. Cubra com Gosling's Black Seal 151°. Decore com uma fatia de limão e lima cada.

ZOMBIE HUT'S COME-ON-I-WANT-LEI-YA

2 partes de rum de banana Malibu Tropical

½ parte de rum de maracujá Malibu

respingo suco de abacaxi

Agite e coe em um copo de shot.

BANANAS CRIADAS MAMA DO ZOMBIE HUT

1 parte de rum de banana Malibu Tropical

½ parte de rum de coco Malibu

club soda para encher

respingo de granadina

cerejas para decoração

Sirva com sorvete e decore com cerejas.

SOPA DE ABACATE

¼ xícara de rum porto-riquenho

1 abacate grande (ou 2 médios) maduro, descascado, sem sementes e picado

1 xícara de caldo de galinha ou caldo

1 xícara de creme de leite

¼ xícara de suco de limão

sal e pimenta branca a gosto

Misture os cinco primeiros ingredientes até ficar homogêneo. Tempere com sal e pimenta a gosto. Sirva frio. Servidor 4.

BOLO DUPLO DE CHOCOLATE E RUM DE BACARDI

1 xícara de rum escuro Bacardi

1 pedaço. (18 ½ onças) mistura para bolo de chocolate

1 pedaço. pudim instantâneo de chocolate e recheio de torta

¾ xícara de água

½ xícara de óleo vegetal

4 ovos

12 oz. chocolate meio amargo picado

1 xícara de geléia de framboesa

2 colheres de sopa. Encurtando

1 onça. bastão de baunilha

Pré-aqueça o forno a 350 ° F. Misture a mistura para bolo, pudim, ovos, ½ xícara de rum Bacardi escuro, água e óleo em uma tigela grande. Usando uma batedeira, bata em velocidade baixa até umedecer. Bata em velocidade média por 2 minutos. Misture 1 xícara de lascas de chocolate Despeje a massa em uma forma untada de 12 xícaras ou em uma forma de tubo de 10 polegadas.

Asse por 50 a 60 minutos até que o bolo esteja testado. Deixe esfriar na panela por 15 minutos. Retire da panela; esfrie na gradinha.

Aqueça as conservas de framboesa e a ½ xícara de rum escuro Bacardi restante em uma panela pequena. Passe por uma peneira para retirar as sementes. Coloque o bolo em um prato de servir. Fure a superfície do bolo com um garfo. Pincele a calda de framboesa uniformemente sobre o bolo para que o bolo absorva a calda. Repita até que todo o glacê seja absorvido.

Em uma tigela, misture o restante de 1 xícara de lascas de chocolate e gordura. Microondas em alta 1 minuto ou até derreter. Mexa até ficar homogêneo. Ou aqueça a mistura em água quente (não fervente) até que o chocolate derreta e a mistura fique homogênea. Despeje a calda de chocolate sobre o bolo. Deixe por 10 minutos. Em uma tigela pequena, misture a pasta de baunilha e 1 colher de chá. água. Microondas em alta 30 segundos ou até derreter. Ou derreta sobre água quente (não fervente). Regue com a calda de chocolate.

BACARDI PÊSSEGO CASAIS

Para torta de pêssego:

½ xícara de rum leve Bacardi

6 xícaras de pêssegos descascados e fatiados ou 2 de 20 onças. pacotes de pêssegos congelados, descongelados

½ xícara de açúcar mascavo

3 colheres de sopa. amido de milho

1 Colher de Sopa. suco de limão

2 colheres de chá. manteiga

1 xícara de nozes picadas

Para a cobertura de streusel (opcional):

1 xícara de mistura de biscoito

½ xícara de aveia

½ xícara de açúcar mascavo

4 colheres de sopa. Margarina

½ colher de chá canela

Para fazer torta de pêssego:

Pré-aqueça o forno a 375 ° F. Em uma tigela grande, misture os pêssegos, o rum light Bacardi, o açúcar mascavo, o amido de milho, o suco de limão e as nozes. Coloque em um refratário. Polvilhe com margarina. Deixou de lado.

Como fazer cobertura de streusel:

Em uma tigela pequena, misture todos os ingredientes para a cobertura. Trabalhando rapidamente com os dedos, misture até que se assemelhe a uma farinha grossa.

Coletar:

Polvilhe a cobertura de streusel sobre os pêssegos e asse por 45 minutos. Servir quente. Se desejar, cubra com sorvete de baunilha ou passas ao rum.

MOUSSE DE MORANGO DE BACARDI

½ xícara de rum leve Bacardi

1 10 onças. pacote morangos congelados, descongelados

1 xícara de açúcar

2 unid. gelatina sem sabor

2½ xícaras de chantilly, divididas

½ xícara de água

Amoleça a gelatina em ½ xícara de água. Aqueça em fogo baixo até a gelatina se dissolver. Arrefecer até à temperatura ambiente. Bata os morangos em um processador de alimentos ou liquidificador. Adicione açúcar e misture bem. Adicione a gelatina resfriada e mexa bem. Refrigere a mistura até começar a endurecer. Bata 1½ dl de natas. Retire a mistura de morango da geladeira; adicione o rum light Bacardi e misture bem. Acrescente o chantilly e despeje em uma forma de soufflé de 2 litros ou tigela de servir. Esfriar. Quando estiver firme, decore com chantilly restante (1 xícara) e morangos frescos fatiados. Serve 4 a 6.

FETO BANANA

¼ xícara (½ tablete) de manteiga

1 xícara de açúcar mascavo

½ colher de chá canela

¼ xícara de licor de banana

4 bananas cortadas ao meio no sentido do comprimento e depois cortadas ao meio

¼ xícara de rum escuro

4 bolas de sorvete de baunilha

Misture a manteiga, o açúcar e a canela em uma panela ou frigideira flambeada. Leve a panela ao fogo baixo ou no queimador de álcool ou em cima do fogão e cozinhe, mexendo, até que o açúcar se dissolva. Misture o licor de banana e adicione as bananas à panela. Quando as bananas estiverem macias e começando a dourar, acrescente o rum com cuidado. Continue a cozinhar o molho até que o rum esteja quente e, em seguida, incline a panela levemente para inflamar o rum. Quando as chamas diminuírem, retire as bananas da panela e coloque quatro pedaços sobre cada porção de sorvete. Despeje o molho quente generosamente sobre o sorvete e sirva imediatamente.

Obrigado a Brennan's, Nova Orleans, LA.

COSTELETAS DE PORCO PANADAS COM ERVAS

¼ xícara de rum leve porto-riquenho

8 costeletas de porco finas

½ xícara de creme

2 ovos

sal e pimenta moída na hora

1 colher de chá. manjericão doce

1 colher de chá. Manjerona

1 colher de chá. orégano

farinha de rosca temperada

azeite

Limpe e retire o excesso de gordura das costeletas de porco. Misture o creme de leite, o rum light porto-riquenho, os ovos, o sal, a pimenta, o manjericão, a manjerona e o orégano. Passe cada pedaço de carne de porco na mistura de creme e depois regue com a farinha de rosca temperada, aqueça o óleo em uma frigideira e doure as costeletas dos dois lados. Cubra e cozinhe até ficar cozido. Servidor 4.

BURRITOS

¼ xícara de rum leve Bacardi

1½ libras. carne moida

¼ xícara de cebola, finamente picada

1 colher de chá. sal

¼ colher de chá. pimenta moída na hora

½ colher de chá pó de alho

1 Colher de Sopa. Pimenta em pó

Molho de tomate (veja abaixo)

12 tortillas de farinha de 7 polegadas

1½ xícaras de feijão frito

óleo para fritar

Frite a carne picada em uma frigideira até dourar bem. Adicione a cebola e tempere bem com sal, pimenta, alho em pó e pimenta em pó. Junte o rum light Bacardi e o molho de tomate e continue a cozinhar até aquecer bem. Espalhe um pouco do feijão frito em cada uma das tortilhas e coloque uma colher grande da mistura de carne de lado. Dobre as pontas da tortilha para cobrir a mistura de carne e, em seguida, enrole as tortilhas, começando pelo lado com a mistura de carne. Coloque os burritos, com a aba para baixo, em uma frigideira com óleo e frite por alguns minutos. Vire para que todos os lados fiquem fritos por igual. Retire da panela e escorra em papel toalha. Sirva imediatamente.

Para molho de tomate:

2 colheres de sopa. azeite

½ cebola média, bem picada

1 dente de alho, picado

½ colher de chá manjericão seco

1 28 onças. lata de tomates inteiros, incluindo suco, picados com os dedos

sal e pimenta moída na hora a gosto

Aqueça o azeite em uma frigideira grande em fogo médio. Adicione a cebola picada e mexa para revestir. Reduza o fogo para baixo e cozinhe até ficar translúcido. Adicione o alho picado e frite por 30 segundos. Adicione tomates e manjericão; prove com sal e pimenta. Deixe ferver, reduza o fogo para baixo e cozinhe, descoberto, até engrossar, cerca de 15 minutos.

ORAÇÕES COM AMANTEIGA

½ xícara de rum leve porto-riquenho

2 16 onças. enlata camas de bebê inteiras com líquido

¼ xícara de açúcar mascavo

¼ xícara de manteiga (½ palito)

¼ xícara de passas

Pré-aqueça o forno a 325 ° F. Coloque a beterraba e o líquido em um refratário. Polvilhe com açúcar mascavo e acrescente a manteiga e o rum Bacardi light. Adicione passas. Cubra e asse por aproximadamente 20 minutos. Serve 6 a 8.

INHAMES CARAMELIZADOS

1 xícara de rum leve Bacardi

2 28 onças. latas de inhame, escorrido

½ -¾ xícaras de açúcar mascavo

½ colher de chá noz-moscada

3 colheres de sopa. manteiga

1 xícara de suco de laranja

111 onças. tangerinas enlatadas

2 xícaras de marshmallows em miniatura

Pré-aqueça o forno a 350 ° F. Coloque os inhames em um refratário grande. Polvilhe açúcar mascavo e noz-moscada sobre os inhames. Coloque a manteiga em três áreas do prato. Despeje o suco de laranja por toda parte. Coloque as tangerinas por cima dos inhames. Adicione o rum light Bacardi. Polvilhe marshmallows em miniatura uniformemente sobre e ao redor do topo do prato. Asse por 20 a 30 minutos ou até que os inhames estejam bem aquecidos e os marshmallows derretidos. Serve 6 a 8.

MOLHO DE QUEIJO CHEDAR

2 colheres de sopa. Bacardi light rum

1 Colher de Sopa. manteiga

1 Colher de Sopa. farinha

½ xícara de leite

1 xícara de queijo cheddar ralado

sal e pimenta branca a gosto

¼ colher de chá. mostarda seca

Derreta a manteiga em uma panela e misture lentamente a farinha até formar um roux. Misture o leite e o rum light Bacardi. Lentamente, despeje a mistura no roux, mexendo sempre com um batedor. Depois de usar toda a mistura de leite, comece a adicionar o queijo cheddar um pouco de cada vez. Continue a mexer a mistura enquanto o queijo é adicionado para manter o molho líquido e macio. Tempere com sal, pimenta branca e mostarda seca. Continue mexendo e cozinhe o molho até engrossar um pouco.

BOLO DE CEREJA

½ xícara de rum leve Bacardi

4 fatias de presunto pré-cozido, de ½ a 1 polegada de espessura

3 colheres de sopa. manteiga

½ colher de chá mostarda seca

cravo moído a gosto

1 16 onças. lata de cerejas sem caroço, escorridas e reservadas o líquido

1 Colher de Sopa. amido de milho

Limpe e corte as fatias de presunto de qualquer excesso de gordura. Derreta a manteiga em uma frigideira grande e adicione o rum light Bacardi, a mostarda seca e o cravo amassado. Adicione as cerejas e um pouco do líquido reservado. Coloque as fatias de presunto no molho e cozinhe até que a carne esteja bem aquecida. Misture o amido de milho com um pouco do líquido reservado e acrescente aos poucos a mistura ao molho até começar a engrossar. Ajuste o tempero à gosto. Sirva o molho e as cerejas quentes sobre as fatias de presunto. Servidor 4.

TRILHANDO FRANGO

¼ xícara de rum leve porto-riquenho

¼ xícara de manteiga derretida

¼ xícara de suco de laranja

½ colher de chá casca de laranja ralada

½ colher de chá sal

1/8 colher de chá. gengibre em pó

1/8 colher de chá. pimenta

1 dente de alho, esmagado

1 libra frango frito fatiado

Pré-aqueça o forno a 350 ° F. Misture todos os líquidos e especiarias. Pincele generosamente as partes de frango com a mistura. Arrume os pedaços de frango, com a pele para cima, em uma assadeira rasa, regando ocasionalmente com o restante da mistura. Asse por 1 hora ou até dourar e ficar macio. Servidor 4.

SALPICÃO

1/8 xícara de rum leve Bacardi

1 xícara de maionese

1/8 xícara de relish doce

1/8 xícara de catchup

2 xícaras de frango cozido

1 xícara de aipo picado

½ pé de alface ou casca de abacate

pitada de páprica

8 pedaços de pimenta

Misture os quatro primeiros ingredientes em uma tigela. Adicione o frango e o aipo. Esfrie na geladeira antes de servir. Sirva em uma cama de salada ou em cascas de abacate. Decore com uma pitada de páprica e pedaços de pimenta. Servidor 4.

PEDAÇOS DE FRANGO

3 colheres de sopa. Bacardi rum escuro

12 asas de frango

2/3 xícara de farinha de rosca temperada

1 onça. manteiga ou margarina

Sal e pimenta a gosto

Corte as asas de frango ao meio com uma faca afiada. Coloque-os em uma panela rasa. Regue o rum escuro Bacardi sobre as asas. Cubra e refrigere por várias horas, virando as asas uma ou duas vezes. Passe as asas na farinha de rosca temperada, envolva bem. Refogue na manteiga ou margarina por 18 a 20 minutos. Polvilhe com sal e pimenta. Rende 24 unidades.

ARROZ DE COCO E ERVILHAS BEBIDAS

¼ xícara de rum Mount Gay Eclipse

1 xícara de feijão vermelho seco (6 ½ oz.)

4 xícaras de água

2 latas de leite de coco

2 xícaras de água fervente

5 colheres de chá. sal kosher

2 cebolinhas, cortadas e deixadas inteiras

2 ramos de tomilho fresco

1 pimenta Scotch Bonnet verde inteira ou pimenta habanero

5 xícaras de água

4 xícaras de arroz de grão longo (não convertido)

Cozinhe o feijão em 4 xícaras de água em uma panela de 5 litros, tampada, até que o feijão esteja quase macio, cerca de 1 ¼ horas (não escorra). Quando estiver quase macio, adicione o rum Mount Gay Eclipse e deixe em infusão. Mexa 1 lata de leite de coco até o feijão ficar quase macio, junto com sal, cebolinha, tomilho e uísque escocês ou pimenta habanero e cozinhe, coberto, por 15 minutos.

Adicione 4½ dl de água e deixe ferver. Acrescente o arroz e deixe ferver, depois acrescente a segunda lata de leite de coco. Reduza o fogo para baixo e cozinhe até que a água seja absorvida e o arroz esteja macio, cerca de 20 minutos. Retire do fogo e deixe tampado por 10 minutos, depois solte com um garfo. Descarte a cebolinha, o tomilho e a pimenta. Rende de 10 a 12 acompanhamentos.

SOPA DE CREME DE COGUMELOS

¼ xícara de rum leve Bacardi

½ libra cogumelos picados

¼ xícara de cebola picada

¼ xícara de aipo picado

5 xícaras de caldo de galinha ou caldo

4 colheres de sopa. manteiga

¼ xícara de farinha

1 xícara de creme

sal e pimenta moída na hora a gosto

Coloque os cogumelos, cebola e aipo em uma panela com caldo de galinha ou caldo e cozinhe por 20 minutos. Retire do fogo e deixe esfriar um pouco, em seguida, misture os ingredientes em um purê. Volte a colocar a sopa ao lume. Amasse a manteiga e a farinha e bata na sopa para engrossar. Adicione o creme de leite e tempere com sal e pimenta. Adicione o rum light Bacardi e mexa bem para permitir que a sopa ferva até aquecer. Serve 4 a 6.

TORTA DE DAIQUIRI

1/3 xícara de rum leve porto-riquenho

1 pedaço. (Tamanho para 4 porções) Recheio de torta e pudim instantâneo de limão da marca Jell-O

1 3 onças. pacote Gelatina com sabor de limão Jello-O

1/3 xícara de açúcar

2½ dl água

2 ovos, ligeiramente batidos

2 xícaras de cobertura batida sem leite Cool Whip, descongelada

1 crosta de migalhas de 9 polegadas assada, resfriada

Misture o pudim, a gelatina e o açúcar em uma panela. Misture ½ xícara de água e ovo; misture bem. Adicione a água restante. Mexa em fogo médio até que a mistura ferva completamente. Retire do fogo; misture o rum leve porto-riquenho. Deixe esfriar por aproximadamente 1 hora e meia. (Para acelerar o resfriamento, coloque a tigela com a mistura de recheio em uma tigela maior com gelo e água; mexa até a mistura esfriar.) Misture a cobertura na mistura resfriada. Despeje na crosta. Refrigere até ficar firme, cerca de 2 horas. Decore com cobertura extra batida e fatias de limão ou limão, raspas de limão ou limão ralado ou migalhas de biscoito.

FETTUCCINE À LA RUM

1 libra fettuccine

água fervente com sal

½ xícara de manteiga amolecida (1 tablete)

1 xícara de creme de leite

½ xícara de rum escuro Bacardi

2 xícaras de queijo parmesão ralado

pimenta preta moída na hora a gosto

½ colher de chá noz-moscada

Cozinhe o fettuccine em água fervente com sal até ficar macio, cerca de 4 a 5 minutos. Pouco antes de terminar o fettuccine, derreta a manteiga em uma panela em fogo baixo. Adicione um pouco do creme de leite, rum escuro Bacardi e queijo parmesão e mexa bem até ficar homogêneo. Quando o fettuccine estiver pronto, coloque o macarrão em um refratário e misture delicadamente para cobrir com a mistura de manteiga e creme. Adicione o creme restante, o rum escuro Bacardi e o queijo, um pouco de cada vez, e continue mexendo e misturando o macarrão. Tempere com pimenta e noz-moscada. Serve 4 a 6.

MOLHO DE CRANBERRY FRESCO

½ xícara de rum leve Bacardi

4 xícaras de amoras frescas

½ xícara de suco de laranja

¾ xícara de açúcar

¼ colher de chá. ruivo

½ colher de chá cravo

½ colher de chá canela

Limpe e lave os cranberries. Misture cranberries com suco de laranja e rum Bacardi light e leve para ferver em uma panela. Continue a mexer em fogo médio e adicione o açúcar e as especiarias. Mexa até dissolver. Deixe esfriar até servir, ou sirva quente. Rende cerca de 4 xícaras.

SALADA DE FRUTAS COM MOLHO DE PIÑA COLADA

Para vestir:

¼ xícara de rum leve Bacardi

1 xícara de creme de leite

¼ xícara de iogurte de banana

¼ xícara de suco de abacaxi

1 Colher de Sopa. Creme de coco

Para salada de frutas:

5 folhas de alface

½ xícara de frutas desejadas, descascadas e fatiadas

½ xícara de coco ralado

Para fazer o curativo:

Em uma tigela média, bata o creme até engrossar, mas não duro. Acrescente o iogurte, o suco de abacaxi, o rum light Bacardi e o creme de coco. Rende cerca de 1¾ xícaras.

Como montar a salada:

Arrume as folhas da salada em uma travessa grande. Coloque a fruta decorativamente sobre a salada. Polvilhe com coco. Sirva com molho.

GUACAMOL

2 abacates maduros, descascados, sem sementes e amassados

1 tomate, sem pele, sem sementes e picado

½ xícara de cebolinha ou cebola bem picadinha

1 Colher de Sopa. suco de limão

sal a gosto

pimenta preta moída na hora a gosto

½ colher de chá coentro

1 onça. rum porto-riquenho

½ colher de chá Pimenta em pó

½ colher de chá pó de alho

Misture bem os ingredientes e deixe esfriar antes de servir. Faz cerca de 1 ½ xícaras.

Molho holandês

1 ½ colher de sopa. rum porto-riquenho

3 gemas

1 ½ colher de sopa. suco de limão

1 ½ colher de sopa. água

¼ lb de manteiga, derretida

¼ colher de chá. sal

No topo de uma caldeira dobro sobre (não em) água quente, bata as gemas até que comecem a engrossar. Misture o suco de limão, o rum porto-riquenho e a água e aqueça a mistura em uma panela pequena. Adicione lentamente a mistura de limão às gemas, continuando a bater com um batedor. Despeje lentamente a manteiga derretida, um pouco de cada vez, enquanto continua a bater o molho. Adicione o sal enquanto despeja a manteiga e sirva quente. Rende 1 xícara.

BOLO MALIBU ROMA

Para bolo:

1½ xícaras de rum Malibu

1 pedaço. mistura de bolo amarelo (sem pudim)

1 pedaço. pudim instantâneo de baunilha

4 ovos

1½ dl de óleo vegetal

Para o Glaze:

½ xícara de rum Malibu

¼ lb. manteiga

¼ lb. água

1 xícara de açúcar

Para fazer bolo:

Pré-aqueça o forno a 325 ° F. Misture todos os ingredientes à mão. Asse em uma forma de 12 xícaras por uma hora.

Para fazer o esmalte:

Manteiga derretida; Junte a água e o açúcar e cozinhe por 5 minutos, mexendo sempre. Retire do fogo e adicione o rum Malibu. Deixe o bolo esfriar um pouco antes de cobrir.

MANGA FLAMBÉ

1/3 xícara de rum escuro Mount Gay XO

4 1 lb. mangas maduras

½ xícara de açúcar mascavo

Pré-aqueça o forno a 400 ° F. Lave e seque as mangas. Remova 2 lados planos de cada manga com uma faca afiada, corte longitudinalmente ao longo do caroço e corte o mais próximo possível do caroço para que a polpa da manga fique em 2 pedaços grandes. Faça um padrão hachurado com uma pequena faca afiada. Segure a fruta pelas duas pontas e vire do avesso para deixar o lado da carne convexo.

Disponha as frutas, com a pele voltada para baixo, em uma assadeira grande e rasa forrada com papel alumínio e polvilhe uniformemente com 4 colheres de sopa de açúcar. Asse no forno por 5-8 minutos até que a fruta esteja dourada. (Não vai dourar uniformemente.) Arrume as frutas em uma travessa grande.

Cozinhe o rum escuro Mount Gay XO com o restante do açúcar e a manteiga em uma panela pequena em fogo moderadamente baixo, mexendo até que o açúcar se dissolva. Retire do fogo, acenda delicadamente o rum com um fósforo e despeje, ainda em chamas, sobre a manga quente. Sirva imediatamente.

FRANGO MARINADO

½ xícara de rum escuro porto-riquenho

2 xícaras de suco de laranja fresco

casca de 2 laranjas

2 colheres de sopa. hortelã picada

1/8 onças. caril em pó

½ onça. coentro picado

½ onça. alho picado

¼ xícara de molho de soja

1 frango inteiro, cortado em pedaços

Misture todos os ingredientes, exceto o frango, em um prato raso. Coloque o frango na marinada durante a noite. Grelhe o frango, regue com a marinada, até terminar.

MINI BOLA

1 ½ colher de sopa. Bacardi light rum

2 colheres de sopa. molho de soja

1 dente de alho, prensado

1 colher de chá. gengibre em pó

1 libra cartucho de terra

Pré-aqueça o forno a 300 ° F. Misture os quatro primeiros ingredientes. Adicione o mandril moído e misture bem. Forme bolinhas com aproximadamente 1 cm de diâmetro. Asse por 12 a 15 minutos, virando uma vez. Sirva com palitos de dente.

TORTA MOCHA

½ xícara de rum escuro porto-riquenho

2 xícaras de creme de leite pesado

¼ xícara de açúcar 1 crosta de torta de biscoito de graham

½ onça. pedaço de chocolate doce

1/8 colher de chá. canela

1/8 onças. grânulos de café expresso instantâneo

Combine chantilly com açúcar e rum escuro de Porto Rico. Despeje a mistura na crosta. Rale o chocolate por cima. Polvilhe canela e café expresso por cima a gosto.

PERAS PICANTES DE MORGAN COM CREME DE BAUNILHA

Para o creme de rum de baunilha:

¼ xícara de rum com especiarias Captain Morgan

1 litro de sorvete de baunilha, levemente amolecido

Para lâmpadas:

1/3 xícara de rum com especiarias Capitão Morgan

8 peras maduras firmes

sumo e casca ralada de 1 limão

½ xícara de conserva de damasco

¼ xícara de migalhas de bolo de baunilha

¼ xícara de amêndoas picadas

Como fazer creme de baunilha:

Misture gelo e rum com especiarias Captain Morgan. Congelar. Mergulhe novamente antes de servir.

Para fazer peras:

Pré-aqueça o forno a 350 ° F. Descasque as peras, deixando os caules presos; núcleo do zero. Despeje o suco de limão sobre as peras. Em uma panela, conservas de calor, o capitão Morgan temperou rum e raspas de limão até ferver. Cubra as peras com o molho, passe na farinha de rosca e nozes e coloque-as em uma assadeira com o excesso de molho; cozinhe as peras até ficarem macias, cerca de 30 minutos.

Sirva com creme de rum. Serve 8.

SOPA DE CEBOLA

½ xícara de rum Bacardi claro ou escuro

2 cebolas, descascadas e cortadas em fatias finas

manteiga para fritar

6 xícaras de caldo de carne

sal a gosto

pimenta moída na hora a gosto

6 fatias de pão francês levemente tostadas

queijo parmesão ralado

Queijo Gruyère (opcional)

Pré-aqueça o forno a 275 ° F. Frite levemente as cebolas cortadas em rodelas na manteiga até dourar levemente. Adicione o caldo de carne e ¼ xícara de rum Bacardi claro ou escuro e tempere com sal e pimenta. Tampe a panela e deixe cozinhar em fogo baixo por 30 minutos. Misture ¼ xícara de rum Bacardi claro ou escuro.Coloque a sopa em uma panela ou 6 pratos individuais. Coloque o pão francês (levemente torrado) sobre a sopa e polvilhe o queijo parmesão por cima. Coloque o prato ou pratos em forno préaquecido por cerca de 5 minutos ou até que o queijo esteja derretido. Sirva imediatamente. Serve 6.

PASTA DE QUEIJO PARMESÃO

¼ xícara de rum leve Bacardi

½ xícara de creme de leite

1 xícara de queijo parmesão ralado

3 fatias de bacon, cozidas e picadas

Misture bem os ingredientes. Faz cerca de 1 ½ xícaras.

 Servir:

Espalhe a mistura em pequenas fatias de torrada, pão de centeio de coquetel ou pequenos pedaços de muffin inglês e leve ao forno por alguns minutos até dourar.

www.ingramcontent.com/pod-product-compliance
Lightning Source LLC
Chambersburg PA
CBHW071237080526
44587CB00013BA/1658